LETTRE

A UN ÉLECTEUR

DU

DÉPARTEMENT DU NORD.

IMPRIMERIE DE LELEUX, GRANDE PLACE, A LILLE.

LETTRE

A UN ÉLECTEUR

DU

DÉPARTEMENT DU NORD,

SUR

LES ÉLECTIONS

DE 1818.

A LILLE,

CHEZ LELEUX, IMPRIMEUR-LIBRAIRE, GRANDE PLACE.

—

1818.

AVERTISSEMENT.

J'ai toujours pensé qu'un écrit qui rappelerait aux électeurs du département du Nord la nécessité et leur présenterait les moyens de faire de bons choix, serait d'une utilité incontestable. Pénétré de cette idée, j'avais pris, envers quelques amis de la liberté constitutionnelle, l'engagement de remplir cette tâche difficile sans doute, et peut-être même périlleuse. J'allais tenir ma parole; l'époque des élections approchant, je me disposais à publier une petite brochure sur cette matière, quand le neuvième volume du Censeur européen est venu me détourner de mon projet.

En parcourant cet ouvrage, si distingué par le courage et le talent de ses auteurs, j'y remarquai une *lettre sur les élections,* qui, pour la forme, le fond et l'objet qu'elle se propose, avait la plus grande analogie avec mon travail déjà presqu'achevé. Voyant dès lors ma besogne faite par un autre, voulant éviter une accusation de plagiat, et désespérant d'ailleurs de faire mieux ou même aussi bien que M. Comte, auteur de la lettre, je cessai d'écrire et pris le parti de réimprimer séparément son ouvrage. C'est ainsi que je l'offre aux électeurs du département du Nord.

Ce n'est pas toutefois qu'en s'adressant en particulier aux électeurs d'un département on ne puisse ajouter quelques réflexions, soit individuelles, soit locales, aux réflexions générales d'un auteur qui écrit pour la France entière; mais cela n'est pas sans inconvénient, et peut-être est-il mieux de s'en abstenir. Cependant, la reconnaissance me fait un devoir de recommander à l'attention publique ceux de nos députés à la dernière session, qui ont montré leur attachement aux principes constitutionnels et défendu les droits des citoyens. Les nommer serait indiscret : l'estime qui les environne au sein de leur retraite, la faveur qui les entourait à la tribune, soit qu'ils réclamassent l'affranchissement de la patrie, ou du moins l'allègement des charges de l'occupation; soit qu'ils invoquassent l'abrogation d'un monopole funeste à l'agriculture, les distinguent d'ailleurs suffisamment.

Il est aussi une question qui se présente naturellement, et dont la solution ne se trouve pas dans la lettre de M. Comte : *Les électeurs ne doivent-ils pas, par honneur et par intérêt, ne donner leur voix qu'à des candidats de leur département?* « Cette opinion, est-il dit dans un ouvrage récent, [1] peut être appuyée sur de bonnes raisons; elle peut l'être aussi sur de fort mauvaises. Ce qui est important pour des électeurs, ce n'est pas que leurs députés soient nés dans tel ou tel lieu, c'est que leurs intérêts soient convenablement défendus. Quand le sang des protestans coulait à Nîmes, un député, qui n'était pas du département du Gard et que les électeurs de ce département n'avaient pas nommé, a seul osé prendre la parole pour les opprimés; mais quelle a été, dans cette circonstance, la conduite des députés de ce pays? leur a-t-il suffi d'être du département pour s'intéresser à la cause des opprimés?.....

» Les électeurs de tous les pays doivent bien se convaincre qu'il n'y a point de gloire à nommer un sot, un intrigant ou un homme avide de places ou de pouvoir, de quelque pays qu'il soit. Il vaut mieux pour eux prendre dans un des départemens voisins, ou plus loin, s'il est nécessaire, un député qui exprime leurs vœux et leurs opinions, et qui soit ainsi leur véritable représentant, que de prendre à leur porte un homme incapable soit de former une résolution, soit de dire un mot en leur faveur, ou un homme qui serait capable de les vendre et qui les ferait parler autrement qui ne leur convient. En élisant au loin un député qui les défende et qui les honore par son caractère et par ses talens, ils font peut-être la satire des *éligibles* de leur pays; mais,

---

[1] Le Censeur européen, tome 9.

(viij)

s'ils prennent parmi eux un homme indigne ou incapable d'être leur député, ils font tout à la fois la satire des *éligibles* et celle des *électeurs*.

» Lorsqu'un député arrive à la chambre, il n'est pas le représentant du département qui l'a élu : il est le représentant de la France entière. Son devoir est de défendre les intérêts de tous les habitans du territoire, parce que son vote compte également pour tous. Les électeurs d'un département sont donc moralement responsables envers tous les autres départemens, des suites que doivent avoir les nominations auxquelles ils sont appelés à concourir. »

Je suis bien aise d'avoir eu l'occasion d'agiter cette question, et de la présenter ainsi résolue par des autorités imposantes : l'intrigue aurait pu en abuser pour écarter un candidat que recommandent de hautes qualités et une éloquence courageuse, et qui, quoique étranger au département du Nord, ne paraît pas moins devoir y recueillir d'honorables et nombreux suffrages.

V. L., électeur.

LETTRE

A UN ÉLECTEUR,

SUR

LES ÉLECTIONS DE 1818.

Vous nous demandez quels sont ceux d'entre vos concitoyens que vous devez appeler à notre prochaine législature, quelles sont les qualités que vous devez exiger d'eux : devez-vous faire porter votre choix sur des hommes connus dans les sciences? devez-vous prendre des orateurs qui puissent vous protéger, et qui soient capables de réfuter les sophismes qu'on invoque toujours à l'appui des mauvaises mesures? Vous convient-il, au contraire, de chercher vos représentans parmi des agriculteurs, des manufacturiers, des commerçans ou des banquiers considérables, parmi des hommes auxquels leur fortune donne une grande importance personnelle?

Ces questions, dont la solution peut paraître facile aux esprits qui se dirigent par quelques principes généraux qu'ils se sont faits, et qui ne tiennent aucun compte des besoins du moment, offrent de grandes difficultés, et il est plus aisé de présenter des considérations générales pour les résoudre dans chaque cas particulier, que d'en donner soi-même une bonne solution.

La première chose dont vous devez vous pénétrer, c'est qu'il vous est impossible de vous faire une idée juste des qualités qui sont nécessaires à vos représentans, si vous ne commencez par vous faire une idée des travaux auxquels ils seront appelés à concourir pendant les cinq années que durera leur mission. Vos députés, vous le savez, ne doivent pas prononcer sur les actes administratifs de telle commune, de tel canton ou de tel département en particulier; ils doivent prononcer sur des actes d'administration générale, c'est-à-dire sur la législation de la France; et, pour qu'ils puissent prononcer sur sa législation, il faut qu'ils connaissent ses besoins. Un homme qui n'aurait que des vues particulières sur les besoins de son département pourrait être un bon préfet ou un excellent solliciteur; mais il ne pourrait agir qu'individuellement, et par conséquent il ne serait bon à rien en sa qualité de député.

Vous direz peut-être qu'il est absurde d'exiger d'un électeur qu'il se fasse une idée des besoins généraux d'une nation, et qu'il connaisse les qualités nécessaires à un législateur, dans un pays où on le considère comme incapable de se faire une idée des besoins de sa commune, et de connaître les qualités nécessaires à un officier municipal. Nous n'avons pas à examiner si c'est là une contradiction; si c'en est une, soyez convaincu qu'elle cessera bientôt, et qu'on finira par reconnaître ou que vous devez nommer vos administrateurs particuliers, ou que les préfets et les ministres doivent nommer vos députés. Peut-être est-il déjà quelques individus qui ont reconnu au moins tacitement que ces deux sortes d'élections devaient être faites par les mêmes personnes.

Le droit d'élire des députés ne pouvant pas, à notre avis, être séparé du droit d'élire des administrateurs municipaux, puisque ce dernier droit est une garantie essentielle à l'exercice du premier, ce que vous devez chercher avant tout, c'est que la chambre des députés ait d'abord la volonté de demander le rétablissement des administrations communales ou départementales, et, en second lieu, la capacité nécessaire pour apprécier l'organisation qui en sera sans doute proposée par le gouvernement.

Des administrations locales, composées de membres à la nomination des citoyens, sont nécessaires en outre pour rendre aux provinces leur existence politique : aujourd'hui il n'en est aucune qui soit quelque chose par elle-même; il n'en est aucune qui puisse prendre la moindre résolution sur ses intérêts particuliers, ou simplement former une demande ou exprimer un vœu : toutes ses volontés lui viennent de Paris. Quand les Romains eurent conquis les Gaules et qu'ils se furent mis à les exploiter à leur profit, ils laissèrent au moins aux villes l'élection de leurs administrateurs; il est cruel de penser que, dans un siècle de lumières, nous n'avons pas pu conserver des institutions dont nos ancêtres jouissaient dans des temps à demi-barbares et sous la domination des empereurs romains.

Ce n'est pas seulement pour rendre aux provinces leur existence et pour empêcher que toute la France ne soit concentrée dans Paris, que le rétablissement des administrations municipales et départementales est nécessaire; c'est pour que la stabilité puisse enfin se trouver quelque part, et que la France entière ne soit pas l'éternel jouet des factieux, des oppresseurs ou des intrigans. Nous paraissons aujourd'hui fort éloignés des horreurs de 1793, de l'oppression violente du gouvernement impérial, ou des persécutions et des fureurs de 1815. Nous sommes persuadés que nous ne ferons aucun pas rétrograde, vers aucune de ces trois époques; cependant que faudrait-il pour nous y reporter?

Supposons que la conspiration dont on a fait tant de bruit à Paris, et sur laquelle nos journaux, ministériellement censurés, ont gardé un si profond silence, soit réelle, et qu'elle eût été conduite à sa fin, quels moyens légaux auriez-vous eu dans les provinces pour résister aux fureurs des réactionnaires? Des ministres violens vous eussent envoyé des préfets plus violens encore : ces préfets vous eussent donné des maires semblables à eux, et vous eussiez vu se réaliser tout ce que vous avez vu en 1815, et peut-être tout ce que vous avez craint.

Et remarquez bien que pour changer la face de la France, il n'est pas besoin d'une de ces grandes révolutions ou de ces grandes catastrophes qui bouleversent les états : une intrigue de cour, qui ferait renvoyer un ou deux ministres, suffirait pour vous placer dans telle position que vous voudrez supposer: elle pourrait vous donner, ou les insensés de 1815, ou les hommes les plus serviles de Bonaparte, ou les *sans-culottes* du temps de la première terreur: il suffirait que le chef du gouvernement fût un instant abusé, pour que vous eussiez à essuyer les persécutions les plus violentes, et que vous fussiez placés dans un état d'oppression dont vous ne pourriez plus vous relever. La France est constituée aujourd'hui de telle sorte, que pour l'envahir il suffit de s'emparer du télégraphe, de la poste et du moniteur. Si elle était placée dans son état naturel, il faudrait, pour s'en rendre maître, usurper successivement l'autorité sur chacun des points du territoire, et il n'y a pas de puissance qui puisse venir à bout d'une pareille usurpation.

On a dit cent fois que la destruction des administrations municipales ou départementales était seule capable de plonger un pays dans la barbarie; que les intérêts des communes et des départemens étaient nécessairement négligés ou sacrifiés, lorsque les intéressés ne pouvaient pas en confier la garde à des hommes de leur choix; que, lorsque les écoles publiques, les chemins vicinaux, les monumens, enfin tout ce qui n'intéresse que des fractions de la grande société, étaient livrés à des mains mercenaires au lieu d'être laissés à l'arbitrage des citoyens intéressés, un pays marchait à grands pas vers sa décadence : ces vérités, qui sont à peine contestées par ceux mêmes dont l'intérêt serait de les combattre, ne sauraient nous faire sortir de notre apathie. Après toutes les secousses que nous avons éprouvées, nous semblons avoir résolu de fermer les yeux sur le but vers lequel nous marchons. L'essentiel est d'y arriver sans commotion et sans violence.

Les administrations communales ou départementales doivent être rétablies, quand ce ne serait que pour empêcher la loi des élections de se convertir en instrument de despotisme. La qualité d'électeur appartient aujourd'hui à tout Français qui paye trois cents francs de contributions directes, et celle d'éligible à celui qui paye mille francs; mais si la répartition des impôts, au lieu d'être faite par des élus du peuple, est faite par des agens des ministres, ou, ce qui est encore pire, par des agens de leurs agens, la qualité d'électeur et celle d'éligible ne dépendront-elles pas entièrement des répartiteurs? Ceux-ci ne pourront-ils pas la donner à des hommes dévoués au ministère, au moyen d'une augmentation dont on sera plus tard indemnisé, et la refuser à leurs opposans, au moyen d'une diminution qui sera reversée sur les classes au-dessous de trois cents francs pour les uns, et au-dessous de mille pour les autres? Des hommes qui, l'année dernière, payaient la somme requise, n'ont-ils pas vu, cette année, diminuer leurs contributions au-dessous des sommes fixées par la loi, et ne se sont-ils pas ainsi vu exclure des élections? Une loi qui organise les administrations locales et qui nous restitue le droit d'en nommer les membres, droit que Louis XVI nous avait rendu, mais que le gouvernement impérial usurpa sur nous, nous est donc absolument nécessaire, ne fût-ce que pour conserver la loi des élections, et pour que la qualité d'électeur et celle d'éligible ne soient pas arbitrairement données ou refusées par les ministres ou par leurs agens.

Les gardes nationales, qu'on ferait mieux de nommer gardes municipales, ont également besoin d'être organisées. L'unique objet de ces gardes, qui ne doivent être composées que de citoyens, doit être de prêter main-forte à la police municipale, et de maintenir ainsi l'ordre dans chaque commune. Elles n'ont pas eu d'autre objet jusqu'en 1810. Mais à cette époque, le gouvernement impérial, qui ne craignait pas moins les Français que les étrangers, ravit aux citoyens le droit de nommer leurs officiers, et déclara, par un sénatus-consulte, qu'il pourrait appeler les gardes nationales dans les places fortes ou sur les frontières pour la défense du territoire, et que, lorsqu'elles seraient ainsi appelées, elles recevraient la même solde et seraient soumises aux mêmes règles que les troupes de ligne.

Ce sénatus-consulte transforma donc la France en un vaste camp et tous les citoyens en soldats; il nous plaça tous sous les ordres du ministre de la guerre; il nous soumit à la discipline et aux réglemens militaires, et dès lors nous pûmes être gouvernés par des ordres du jour. Cet état de choses n'eût pas été toléré même en Turquie : cependant les Français s'y soumirent sans murmurer. Quand un peuple a fait le premier pas vers la servitude, il ne s'arrête plus que devant l'impossibilité d'obéir, c'est-à-dire au dernier terme de l'avilissement et de la misère. Maintenant il faut admettre ou que ce sénatus-consulte est encore en vigueur, ou qu'il est aboli. S'il est en vigueur, il est impossible que la législature n'en demande pas l'abrogation, parce que le régime militaire ne peut convenir qu'à une armée ou à une horde de barbares, toujours assemblée autour de son chef. S'il est aboli, les gardes nationales se trouvent entièrement soumises à un régime arbitraire, puisque le droit de nommer leurs officiers, qui leur est garanti par une loi de l'assemblée constituante, leur est ravi, et qu'elles sont gouvernées par des ordonnances ou par des ordres du jour, tandis qu'elles ne devraient être soumises qu'à la loi. (1) Le régime des gardes nationales, s'il est possible de le considérer autrement que comme l'arbitraire légalisé, prête au moins singulièrement à l'arbitraire. On peut, selon le besoin, exclure des gardes nationales tous les véritables citoyens pour n'y admettre que des malfaiteurs ou des gens sans aveu, ou en exempter ceux qu'on juge convenables, pour faire faire le service à ceux qui ont besoin de donner leur temps à leurs affaires. Dans telle ville où les agriculteurs, les propriétaires, les manufacturiers, les négocians seront suspects, on pourra les désarmer, et remettre leurs armes à des valets, à des journaliers, à des vagabonds, à des gens sans aveu, qui feront la police et arrêteront les suspects; si cela devenait nécessaire, ils pourraient même égorger à domicile. Dans telle autre, ce seront les hommes qui se livrent à des travaux utiles, qui seront obligés de perdre leur temps dans des corps-de-gardes, tandis que des riches oisifs seront exemptés

(1) Les ministres, qui connaissent si bien les dispositions de la constitution de l'an 8 de la république, qui leur donnent les moyens de soustraire leurs agens à toute responsabilité, paraissent ne pas connaître aussi bien les dispositions de la même constitution qui semblaient destinées à protéger les citoyens. Voici, en effet, ce que porte l'article 58 : « La garde nationale en activité est soumise aux » réglemens d'administration publique : *La garde nationale séden-* » *taire n'est soumise qu'à la loi.* » S'il est vrai, comme le dit cet article, que la garde nationale sédentaire ne soit soumise qu'*à la loi,* il serait bon de savoir quelle peut être la force de cette multitude de décrets, d'ordonnances, de réglemens, d'ordres du jour, en vertu desquels on emprisonne ou l'on rançonne les citoyens.

du service. Dans un temps, les citoyens seront soumis à un soldat qui ne connaîtra que son chef et son sabre; dans un autre, ils seront soumis à un chevalier de l'armée de Condé, qui ne connaîtra que Dieu et le roi. Ainsi, ce qu'on appellera une garde nationale ne sera point une réunion de citoyens intéressés à maintenir le bon ordre; ce sera une réunion formée au gré d'un parti, et destinée à en comprimer ou à en persécuter un autre. Nous ne parlerons point des vexations ou des persécutions particulières qui doivent être la suite du régime actuel; nous n'en finirions pas, si nous voulions entrer dans de semblables détails. Ajoutons que, si l'organisation du régime municipal est nécessaire pour garantir l'observation rigoureuse de la loi sur les élections, comme le raisonnement le démontre, et comme l'expérience le fera sentir peut-être trop tard, l'organisation des gardes communales est nécessaire pour garantir l'exécution des lois sur le régime municipal.

L'administration de la justice devra fixer aussi l'attention de la législature : les abus et les désordres qu'on a déjà signalés sur ce sujet, paraissent avoir été portés à leur comble dans quelques parties de la France : les tribunaux correctionnels et les cours royales, dont il ne nous est pas permis de soupçonner les intentions, puisqu'elles ne sont pas constatées par des actes authentiques, paraissent entendre fort mal les matières politiques; et l'on peut craindre, sans être trop méfiant, de ne pas trouver dans leur indépendance, dans leur intégrité et dans leurs lumières, une garantie très-forte contre les persécutions. Toutes les fois qu'un homme a quelques raisons de croire que l'autorité qui le poursuit a des motifs particuliers pour le faire condamner, il doit avoir le droit d'en appeler à un jury dont la composition soit indépendante des personnes qui le poursuivent; car on ne peut espérer aucune justice quand on est jugé par des individus qui ont été choisis par celui-là même au nom de qui la condamnation est sollicitée.

L'institution du jury, qui sera sans doute mieux entendue qu'elle ne l'a été jusqu'ici, est celle de nos institutions dont la réforme est la plus pressante après l'organisation des administrations municipales et départementales. Ces commissions spéciales, formées par des préfets, des procureurs généraux et des présidens, auxquelles Bonaparte donna le nom de jurys, menacent la liberté et la vie de quiconque, dans un temps de faction, aurait encouru la haine du parti dominant, ou oserait ne pas être de l'avis d'un préfet. Vous pouvez faire à l'égard de ces commissions spéciales la même supposition que nous avons faite au sujet des administrations et des gardes municipales; une conspiration où une intrigue de cour peuvent vous donner pour jurés les furieux de 1793 ou de 1815, ou les serviles d'une autre époque. Avec nos institutions actuelles, vos administrateurs, vos juges, vos jurés, vos gardes nationaux n'auront jamais que la couleur des ministres du jour. Un écrivain a dit avec raison, qu'il ne fallait que sept personnes dévouées pour se rendre maîtres d'un département, et pour y disposer des hommes et des choses.

La sûreté individuelle et l'inviolabilité des propriétés appellent des institutions qui les garantissent. Une multitude innombrable d'agens du gouvernement ont ou prétendent avoir le droit de faire arrêter tout homme qui n'est pas des leurs; mais il n'existe aucune autorité indépendante du pouvoir exécutif, à laquelle la loi donne le droit, soit d'inspecter les prisons, soit de faire mettre en liberté les personnes arbitrairement détenues. Un simple juge d'instruction, que le gouvernement choisit tous les trois ans, peut lancer des mandats d'amener, de dépôt ou d'arrêt, d'un bout de la France à l'autre, contre la première personne dont le nom lui passe par la tête; il peut d'un mot vous faire enlever par la gendarmerie au sein de votre famille, et vous faire conduire devant lui, quelle que soit la distance; il peut vous plonger dans un cachot si cela lui paraît convenable, et vous mettre au secret pendant un temps indéfini. C'est en vain que vous voudriez réclamer contre une semblable mesure; nos lois ont oublié de créer une autorité pour recevoir vos réclamations. Avec le secours d'un seul juge d'instruction, et nous en avons quatre ou cinq cents, il n'est donc pas un homme en France à la liberté duquel on ne puisse attenter sans violer aucune loi.

La propriété et l'industrie ont également besoin d'institutions qui les mettent hors des atteintes des agens du pouvoir. La propriété n'est point garantie, quand les agens du gouvernement font la répartition des impôts, et qu'ils peuvent la faire arbitrairement; elle n'est point garantie, lorsqu'il n'existe aucune autorité à laquelle on puisse recourir en cas de spoliation de la part du pouvoir exécutif ou de ses agens. Si vous avez besoin d'une chambre de représentans pour consentir l'impôt, n'est-ce pas afin que chacun de vous ne soit tenu de contribuer que dans la proportion de ses facultés et des besoins réels du gouvernement? et, si c'est le gouvernement lui-même qui fait ou qui fait faire la répartition, quelle garantie avez-vous que la proportion est observée, et qu'on ne vous fait pas payer la part de quelqu'un de vos concitoyens? Si, d'un autre côté, il plaît à votre maire, à votre sous-préfet, à votre préfet, qui tous sont des agens du pouvoir exécutif, de vous dépouiller de quelqu'une de vos propriétés, quel moyen avez-vous de vous faire rendre justice, sous une législation qui vous ferme l'entrée des tribunaux, quoique tous les membres en soient nommés par le gouvernement?

La liberté de l'industrie n'est point garantie, quand il n'existe aucune autorité qui puisse lever les entraves qui y seraient apportées par le pouvoir exécutif ou par ses agens; or, connaissez-vous en France une autorité semblable? S'il plaisait à un maire, à un préfet, ou même au conseil d'état d'interdire tel ou tel genre d'industrie à tout individu qui ne serait pas porteur d'un billet de confession, ou qui ne professerait pas tel ou tel culte, connaissez-vous une autorité ayant le droit et les moyens de lever l'interdiction? N'est-il pas défendu aux tribunaux de se mêler des actes de l'administration? Quel est donc le moyen qui vous reste?

Il existe beaucoup de lois à l'aide desquelles on peut détruire la liberté de la presse; et, si le ministère public et les tribunaux correctionnels ne s'en servent pas pour cet usage, nous leur avons sans doute de grandes obligations. Mais, parmi toutes ces lois, il n'en est pas une seule qui crée une institution propre à protéger les personnes qui osent s'aventurer à écrire ou à faire imprimer leurs pensées. S'il plaît à la police de faire faire des descentes chez des écrivains ou chez des imprimeurs, pour leur enlever leurs manuscrits ou leurs ouvrages imprimés, il n'est personne à qui l'on puisse avoir recours. Les hommes de la police sont des agens du gouvernement, et il n'est pas permis de demander justice contre eux, si le gouvernement n'en accorde pas la permission. Ainsi, la chambre des députés aura deux choses à faire au sujet de la liberté de la presse : elle aura à demander l'abrogation des lois qui peuvent être oppressives, et la création d'institutions protectrices.

L'instruction publique ne pourra manquer de fixer aussi son attention. L'université impériale qui, en changeant de nom, n'a changé ni de nature ni de caractère, pouvait convenir à un despote, dont l'ambition était de créer un peuple pour lui ou pour les siens : mais elle ne convient en aucune manière à une nation qui ne veut exister que pour elle. Le seul moyen honorable d'élever des enfans, c'est de ne leur apprendre que ce qui pourra leur être utile, à eux ou à leurs concitoyens, quand ils seront hommes. Or, à cet égard, les parens sont les meilleurs juges. Il est des agriculteurs anglais qui sont parvenus, à force de soins, à donner à leurs troupeaux la plus petite tête possible : lorsque l'éducation des hommes est devenue un objet de monopole, ceux qui l'exercent suivent exactement le même système : tous leurs soins sont employés à façonner les têtes selon l'intérêt du moment : ils font, selon qu'on le leur demande, des courtisans ou des hypocrites, des soudards ou des capucins. Quant à la morale, il n'y en a pas d'autre que celle de flagorner la puissance du jour, d'applaudir à ce qu'elle fait, et de croire à ce qu'elle ordonne de croire; peu importe d'ailleurs que ses actions et ses doctrines soient sages ou insensées, vertueuses ou criminelles: l'essentiel est que les directeurs soient bien payés, et que les professeurs conviennent à ceux qui donnent ou retirent les places.

Le gouvernement d'un peuple qui est libre dans

ses opinions et dans ses cultes, n'ayant pour objet que des intérêts temporels, devrait laisser aux hommes de chaque communion le soin de régler ce qui concerne les cultes : ainsi des assemblées communales ou départementales devraient seules fixer les traitemens de leurs ministres, et veiller à tout ce qui est relatif aux séminaires. Mais nous sommes encore loin d'un tel ordre de choses : il est convenu que le gouvernement doit avoir des fabriques à l'aide desquelles il puisse fournir, selon le besoin, des rabbins aux juifs, des ministres aux protestans, et des prêtres aux catholiques; et nous aurions tort de lui en contester le privilège, puisque nous reconnaissons qu'il doit avoir celui de nous fabriquer des avocats et des géomètres, des médecins et du tabac.

Le gouvernement impérial, fort entendu en fait d'institutions despotiques, avait fait un concordat et des lois qui donnaient au pouvoir toute l'influence qu'il pouvait désirer, et qui plaçaient ses intérêts hors de l'atteinte de la cour de Rome, et des ecclésiastiques chez lesquels l'esprit de liberté aurait frauduleusement pénétré. Cela ne suffit plus aujourd'hui : la cour de Rome revendique les privilèges d'Hildebrand, et l'esprit public repousse ses prétentions. Les députés d'un peuple qui proclame la liberté des cultes dans sa loi fondamentale, auront donc à discuter des questions théologiques; et, tour-à-tour, chrétiens et juifs, catholiques et protestans, anabaptistes et quakers, ils régleront, du mieux qu'il leur sera possible, ce qui sera nécessaire pour le maintien ou la propagation de la foi de chacune de ces sectes.

Depuis plusieurs années l'agriculture demande des lois, non pour régler ce qu'elle doit faire, mais pour empêcher qu'elle ne soit troublée, c'est-à-dire pour que les délits ruraux soient réprimés avec promptitude, avec facilité et à peu de frais. Le siège de la justice ne saurait à cet égard être trop près des justiciables ; les formes de la procédure ne sauraient être trop simples, ni les poursuites trop peu coûteuses. Les délits peu graves, qui exigent de grands frais de répression, ne sont point réprimés, parce que le remède est pire que le mal : le trésor perd à exiger de gros droits, et les délits se multiplient par la difficulté de les réprimer.

L'industrie manufacturière et le commerce ont aussi besoin, non d'être réglementés, mais d'être protégés. S'il n'est pas possible de révoquer tous les réglemens qui les entravent, il faut au moins empêcher qu'on leur en impose de nouveaux ; il faut prévenir le retour de ces institutions gothiques qu'on a tenté naguère de ressusciter. Les jurandes, les maîtrises, les corporations, destructives de tout essor dans l'industrie, sont considérés par quelques-uns comme des moyens excellens de domination ; ils savent que, pour tout asservir, il suffit de tout enrégimenter sous des chefs dont on dispose ; et peu leur importe que tout dépérisse, pourvu qu'ils puissent disposer de tous les intérêts.

Enfin, la responsabilité de tous les fonctionnaires publics, depuis les gardes champêtres jusqu'aux ministres inclusivement, est à établir; et, tant qu'elle ne sera point établie, rien ne sera garanti : tout sera ou pourra être livré à l'arbitraire. Les institutions nationales pourront être attaquées et renversées; le trésor public mis au pillage; la France livrée aux troupes étrangères. L'inviolabilité des ministres et d'une multitude innombrable de leurs agens proteste tous les jours depuis quatre ans contre l'existence d'un état constitué; elle suffit seule pour rendre chimériques les deux chambres législatives, et pour donner un démenti aux actes dont l'objet paraît être de nous donner un gouvernement représentatif.

Les personnes qui voient la France dans Paris, voudraient sans doute que les députés s'occupassent d'abord de la responsabilité des ministres; mais celles qui pensent que quatre-vingt-trois départemens doivent être comptés pour quelque chose en France, désireront probablement que la responsabilité des agens qui sont répandus sur la surface du territoire, soit d'abord établie. Quand on pourra poursuivre et faire condamner les gendarmes, les commissaires de police, les adjoints, les maires, les sous-préfets, et les préfets prévaricateurs, ou instrumens de prévarication, on pourra commencer à se croire en sûreté. Il importe sans doute que les intérêts de la nation, considérés sous un point de vue général, ne puissent pas être impunément lésés, mais, lorsque tous les intérêts individuels sont bien garantis, les intérêts généraux ont peu de chose à craindre : c'est de la sûreté, du repos et du bonheur de chacun, que se composent la sûreté, le repos et le bonheur de tous.

Enfin, la chambre des députés doit spécialement s'occuper des dépenses publiques; et il importe aux électeurs qu'elle supprime celles qui ne sont point nécessaires, qu'elle réduise celles qui sont susceptibles de réduction, et qu'elle surveille en un mot l'emploi que font les ministres des moyens qui leur sont confiés. Les institutions sous lesquelles les abus prospèrent, préparent de loin les révolutions; mais ce sont toujours les désordres des finances qui les font éclater; un gouvernement travaille lui-même à sa ruine le jour où il commence à consommer au-delà de ce que la nation peut raisonnablement lui fournir.

Si vous résumez maintenant ce que doivent faire vos députés, vous trouverez qu'ils doivent organiser des administrations communales et départementales; organiser les gardes nationales, et les rendre à leur véritable destination, en les dégageant de tout ce qu'elles ont de soldatesque, et en les convertissant en gardes municipales; réformer les lois relatives à l'administration de la justice criminelle, tant celles qui sont relatives à l'instruction de la procédure,

que celles qui caractérisent les délits et en déter-
minent les peines; créer un grand jury qui puisse,
comme en Angleterre, ordonner la mise en jugement de tout individu coupable, quel qu'il puisse
être, soit sur la plainte du ministère public, soit
sur la plainte des parties lésées; organiser le jury
de jugement de manière qu'il soit une garantie pour
tout accusé innocent, et non une commission arbitrairement composée par les agens du pouvoir;
établir des institutions qui garantissent la sûreté individuelle, l'inviolabilité des propriétés et la liberté
de la presse; réorganiser l'instruction publique, et
rendre aux pères la faculté de faire élever leurs
enfans comme ils jugeront convenable, sauf à laisser
aux administrations locales la faculté de surveiller
les maisons d'éducation, pour le maintien de l'ordre
public et des bonnes mœurs; garantir la liberté des
cultes, et préserver la France des institutions et des
doctrines ultramontaines; donner aux agriculteurs
un code rural qui leur garantisse une justice prompte,
simple, et surtout peu coûteuse; garantir l'industrie
des villes des institutions et des réglemens dont
quelques personnes voudraient les surcharger, et
diminuer, s'il est possible, les entraves déjà exis-
tantes; établir, non en principe, mais en fait, la
responsabilité des agens du gouvernement; enfin
travailler autant qu'il est possible à la réduction
des dépenses publiques. Nous ne parlons pas de la
délivrance du territoire et du renvoi des troupes

suisses. Quand les chambres se rassembleront, la France sera sans doute affranchie, et le renvoi des Suisses résolu.

Si l'opinion que nous nous faisons des besoins publics vous paraît conforme à la vérité, vous entrevoyez déjà ce que vous devez chercher dans les candidats qui se présentent; leur capacité, comme nous l'avons déjà dit, doit être appropriée aux travaux auxquels ils peuvent être appelés à concourir. Mais, avant que de vous occuper de leur capacité, vous devez soigneusement vous enquérir de leur caractère, de leur moralité et de la position dans laquelle le hasard ou la fortune les a placés.

Un homme doué d'une grande capacité peut rendre de grands services; mais il peut aussi faire beaucoup de mal. Ce n'est pas tout de savoir ce qu'il faut faire; il faut encore le vouloir. Celui qui le sait et qui ne le veut pas, est beaucoup plus dangereux pour vous, que celui qui ne le sait pas, mais qui est bien intentionné. Celui-ci du moins n'a besoin que d'être éclairé; celui-là demande des places ou de l'argent, et ce n'est pas vous qui les donnez. Il importe peu qu'un homme connaisse ou non les principes d'une bonne organisation sociale, s'il est esclave de son ambition, de sa vanité, de son avarice ou de son ventre. Cet homme fera toujours ce que voudra le ministère; et celui qui désire que la volonté des ministres, bonne ou mauvaise, soit toujours faite, n'a pas besoin de leur envoyer des députés pour cela, ils vont assez bien sans lui.

Si, entre deux candidats, l'un avait ce qu'on appelle des principes sans avoir de probité politique, et que l'autre fût partisan du pouvoir absolu, mais incapable, soit de se laisser corrompre, soit de céder à des considérations personnelles, il vaudrait encore mieux exclure le premier que le second. Pour rendre le premier partisan du pouvoir arbitraire, il suffirait de faire briller à ses yeux des places, des titres ou des décorations. Dès qu'il se serait tourné vers le pouvoir, il n'emploierait sa capacité qu'à resserrer de vieilles chaînes, ou qu'à en former de nouvelles; il se constituerait le patron de tous les abus; avec lui, on n'aurait de garantie ni dans les institutions, ni dans les hommes. Avec le second, on manquerait également d'institutions; mais du moins on pourrait trouver une garantie dans sa probité. Les hommes qui s'étaient dévoués au gouvernement impérial, n'étaient pas des gens sans lumières. A égalité d'avantages, ils auraient préféré la liberté au despotisme, ils auraient été des hommes à principes. Mais, s'ils aimaient mieux la liberté que le despotisme, ils aimaient encore mieux les places, les titres et les cordons que la liberté, et vous savez si leurs lumières ont été pour vous une garantie.

On a cru souvent en France qu'un homme qui s'était compromis aux yeux d'un parti, était un homme très-sûr pour le parti contraire. Si tel homme, a-t-on dit, reste attaché à notre cause, il peut y jouir d'un grand crédit, car il a encouru pour elle la haine de nos ennemis ; si, au contraire, il nous trahit pour passer dans un parti opposé, il va se trouver en butte à la haine des deux partis. L'un ne lui pardonnera jamais le mal qu'il en a reçu dans le temps, l'autre lui pardonnera encore moins de l'avoir trahi. Il n'y a point de raisonnement qui soit plus propre que celui-là à séduire le commun des hommes ; il n'y en a point aussi qui nous ait été plus funeste : c'est en le faisant que la France a été le jouet de toutes les factions, et qu'elle a passé alternativement dans la main de tous les traîtres.

Cet homme, dit-on, est un homme sûr pour nous ; car il a juré de toujours défendre notre cause, il a déclamé contre nos ennemis, il les a persécutés, il a conduit à l'échafaud leurs amis ou leurs frères. Quel raisonnement pitoyable ! Pour vous trahir avec succès, ne faut-il pas gagner d'abord votre confiance, et n'est-ce pas un moyen sûr de la gagner que de vous faire des protestations ou des sermens, de se déchaîner contre vos adversaires, de les persécuter ou même de sacrifier quelqu'un des leurs au besoin ? Suivez la marche de quelques-uns de ces hommes qui se sont vantés d'avoir donné le plus de gages, vous les verrez en donner d'abord à l'assemblée constituante, ensuite à la convention, au comité de salut public, au directoire, au consulat, à l'empire, et enfin *à leur roi légitime*. Tel après avoir clairement *démontré* qu'il était attaché à la république par ses intérêts comme par ses principes, et

qu'il serait *infailliblement* envoyé à l'échafaud si
là monarchie était rétablie, a figuré successivement
dans les antichambres de Bonaparte et de Louis xviii,
couvert d'un habit de chambellan; tel autre qui avait
donné des gages non moins précieux à la terreur et
au gouvernement impérial, a expié ses vieilles tur-
pitudes par son complaisant concours au rétablissement de la légitimité.

Nous vous l'avons déjà dit et nous ne saurions
trop vous le répéter : si vous prenez pour des garanties des protestations ou des sermens; si vous croyez
qu'il suffit d'avoir montré de l'attachement à un
parti, ou d'avoir outragé le parti contraire pour être
digne de votre confiance, vous serez infailliblement
trahi : il n'y a de véritables garanties que dans là
probité, dans le désintéressement, dans l'attachement sincère aux intérêts de son pays, dans la haute
et constante manifestation des mêmes principes. Il
vaudrait mieux prendre pour vos représentans des
hommes du parti opposé, si leur probité n'était
point douteuse, que de prendre dans vos rangs des
hommes qui pourraient céder à l'influence des
places, des titres ou des cordons.

Lorsque vous serez sûr du caractère des hommes
qui peuvent être élus, lorsque vous vous serez convaincu, autant que cela est possible, qu'ils préfé-
reront leurs devoirs de députés aux faveurs qui
pourraient leur être présentées, vous examinerez si,
par leur fortune, ils peuvent soutenir les dépenses

que leur position leur rendra nécessaires. Par une bizarrerie assez étrange, la nation française paie de forts salaires à tous les fonctionnaires qu'elle ne nomme pas, et elle ne peut accorder une simple indemnité aux députés qu'elle nomme et qu'elle charge spécialement de la défense de ses intérêts. Jusqu'à ce qu'on soit revenu à une disposition plus sage, il est donc nécessaire, non-seulement que les députés sacrifient leur temps au public, mais encore qu'ils dépensent à son service une partie de leur fortune. De là, la nécessité de ne faire peser cette charge que sur les hommes qui peuvent facilement la supporter.

Sans doute l'indépendance d'un homme ne se mesure pas par le nombre des écus qu'il possède : il est des personnes qui, avec une fortune considérable, sont toujours dans la disette, tandis qu'il en est d'autres qui ne jouissent que d'une petite fortune, et qui trouvent le moyen d'avoir du superflu. Mais il est dans la médiocrité même un terme au-dessous duquel l'homme le plus modéré et le plus réglé dans ses désirs, ne peut descendre sans être atteint par le besoin et sans être exposé à des privations cruelles. Le temps, qui use tout, n'épargne point la constance : la première année, on résiste ; la seconde, on commence à se fatiguer ; la troisième, on cède à la séduction, parce qu'on ne peut plus supporter les privations.

L'homme qui a besoin de son travail pour vivre

ou pour faire vivre sa famille; celui qui ne peut pas prendre sur ses revenus les moyens d'exister convenablement à Paris pendant les sessions, sans altérer la fortune qu'il doit transmettre à ses enfans, et celui dont les moyens d'existence ne vous sont pas clairement connus, ne doivent pas en général être appelés à vous représenter. On peut trouver des hommes capables de faire spontanément des actes de générosité envers leurs concitoyens : il en est beaucoup qui, dans un moment de danger, sacrifieraient pour eux et leur fortune et leur vie; mais il en est fort peu qui soient capables de lutter contre le besoin, surtout si la lutte doit avoir quelque durée, et si elle doit être sans éclat. Celui qui cherche un héros pour se faire représenter, s'expose beaucoup à rencontrer un intrigant.

Il serait même à désirer qu'un candidat, outre la considération qui serait attachée à son caractère, eût une grande consistance personnelle et exerçât une grande influence sur ses concitoyens. Si les peuples n'obéissaient qu'à leur conviction, s'ils jugeaient les choses par elles-mêmes, et abstraction faite des personnes, celui qui raisonnerait le mieux serait toujours celui qui aurait le plus de force dans l'opinion. Mais ce n'est pas ainsi que vont les choses : aux yeux du petit nombre, ce sont les bonnes raisons qui donnent du crédit aux hommes qui les exposent; aux yeux du grand nombre, ce sont les hommes influens qui accréditent les bonnes raisons. Le gros du public n'est pas assez éclairé pour juger par lui-même. N'ayant ni les moyens, ni le temps d'examiner, il veut recevoir des jugemens tout faits ; mais il ne veut les recevoir que des hommes qui lui ont déjà inspiré de la confiance. Il ne conviendrait donc pas de prendre pour députés des hommes qui n'auraient qu'une consistance d'emprunt, et qui ne seraient remarqués que parce qu'il aurait plu à leurs patrons de les mettre en avant : de tels hommes ne seraient bons qu'à faire des ministériels sous un régime ou sous un autre.

Les qualités essentielles à un bon député étant déterminées, nous pouvons revenir à notre première question, et examiner s'il convient d'élire des savans, des orateurs, des agriculteurs, des manufacturiers, des commerçans ou des banquiers. En examinant cette question, nous ne devons jamais perdre de vue que, quels que soient les hommes pour lesquels nous avons à nous déterminer, nous supposerons qu'ils possèdent le caractère dont ils ont besoin pour résister à toute séduction, et qu'ils jouissent d'une fortune assez considérable pour pouvoir donner leur temps au public, et conserver leur indépendance.

Si nous étions dans un état complétement constitué, si nous n'avions ni réformes à faire, ni institutions à établir, si nos représentans n'avaient, en un mot, qu'à pourvoir aux besoins du gouvernement, et à veiller au maintien ou à l'observation des lois déjà établies, nous serions peu embarrassés dans notre choix : nous nous bornerions à renvoyer à ce que nous avons dit dans un des volumes du Censeur, en traitant *de l'organisation sociale considérée dans ses rapports avec les moyens d'existence des peuples*. Mais nous ne sommes pas dans une position si favorable : comme le gouvernement impérial a tout organisé pendant quinze ans dans l'intérêt du pouvoir arbitraire, nous avons besoin de tout rétablir dans l'intérêt des citoyens : il nous faut une représentation qui ait les qualités propres à une assemblée constituante.

Nous avons donc besoin de savans ; mais toute espèce de savans ne peuvent pas nous convenir. Pour savoir comment il faut constituer un peuple, il ne suffit pas de connaître l'organisation d'une tulipe, les propriétés d'un triangle, ou la structure d'un éléphant. On peut être un excellent botaniste, un géomètre profond ou un parfait anatomiste, et n'avoir aucune idée des institutions ou des lois qui conviennent à un peuple. Il est même fort ordinaire que les hommes qui donnent leur temps et leur capacité à l'étude de ce qu'on appelle les sciences naturelles, négligent l'étude des sciences morales et politiques, ou qu'ils en fassent peu de cas, parce qu'elles ne leur semblent pas susceptibles de démonstration. Le sénat-conservateur, il est pénible de le dire, comptait dans son sein les premiers savans de France et peut-être de l'Europe ; et ces savans nous ont assez mal servi.

Parmi les hommes livrés à des travaux industriels, on en trouve un très-grand nombre dont les intentions sont excellentes, et qui ferait de très-bons députés si nos institutions étaient complètes; mais leurs idées sur l'organisation sociale ne sont pas en général au niveau de leurs intentions et de leur influence. Pour bien faire, ils ne demandent qu'à bien voir; mais, pour bien voir, il faut des études, trop étrangères à leurs occupations habituelles, pour qu'ils puissent s'y livrer d'une manière suivie.

Vous comprendrez assez, sans que nous ayons besoin de vous le dire, qu'en parlant des hommes qui s'adonnent à l'étude des sciences naturelles ou à des travaux industriels, nous établissons des règles générales qui peuvent être susceptibles d'un grand nombre d'exceptions : il est possible, à toute force, qu'un homme soit un bon naturaliste, sans être étranger à la politique ou à la législation; et, il arrive fort souvent qu'un homme adonné à des travaux industriels, a une grande capacité pour la politique. Lorsque des électeurs sont assez heureux pour en rencontrer qui se trouvent dans ce dernier cas, ils doivent se hâter de s'en emparer : les hommes qui ont le plus d'aptitude pour les représenter sont ceux qui, par leurs goûts et par leur position, sont au-dessus des places, qui sont les plus intéressés à un bon régime; et qui, ayant les mœurs de la liberté, ont en outre tout ce qu'il faut pour l'établir et pour la défendre.

Les hommes qu'il vous convient ensuite le plus d'appeler dans l'assemblée représentative, sont ceux qui connaissent le mieux les principes d'une bonne organisation sociale; ce sont ceux qui, dans nos assemblées publiques, ou dans leurs écrits, ont montré le plus de capacité à cet égard. Il nous reste encore quelques membres de nos premières assemblées, qui, à travers tous les débordemens de la révolution, se sont préservés de toute souillure. Ces hommes peuvent être d'excellens députés dans le moment actuel. Il nous ont donné de leur moralité et de la fermeté de leur caractère la plus forte des garanties. Ils ont acquis l'expérience qui leur manquait dans les premiers temps de la révolution. La maturité de leur âge les met à l'abri de tous les écarts. Leurs principes sont devenus invariables par la constance avec laquelle ils les ont professés. Quelques-uns ont fait de grands sacrifices pour les faire triompher, et l'on s'attache à une cause bien plus par les sacrifices qu'on lui fait, que par les avantages qu'on en retire. Enfin, leur honneur se trouve en quelque sorte engagé à faire prévaloir les principes de liberté pour lesquels ils ont si long-temps et si constamment combattu.

Nous avons dit que, pour choisir convenablement vos représentans, il était nécessaire de se faire une idée des travaux auxquels ils étaient appelés à concourir, et nous avons fait voir que ces travaux exigeaient une grande étendue de connaissances. De

cette observation il ne faudrait pas tirer la consé-
quence que tout homme qui n'est pas doué d'une
assez grande capacité pour régler par lui-même
toutes les branches de l'organisation sociale, soit
incapable d'être un bon représentant; car, s'il en
était ainsi, il serait impossible de bien composer
une assemblée. Tout ce que nous avons entendu
dire, c'est qu'un député doit être propre à remplir
l'un des objets que nous avons désignés : l'un pourra
fort bien concevoir comment il convient d'organiser
les administrations communales ou départementales;
un autre, comment il faut réformer les lois relatives
à l'administration de la justice criminelle, et organiser
le jury; un troisième, comment doivent être insti-
tuées les gardes municipales; un quatrième, comment
il convient de dégager l'instruction publique et par-
ticulière de toute espèce d'arbitraire, et de faire
entrer dans l'enseignement les connaissances que
les inquiétudes du despotisme en ont exclus. Ainsi
c'est du concours de toutes les lumières et de toutes
les bonnes intentions que la représentation nationale
se trouvera composée.

Ce qu'il ne faut surtout jamais perdre de vue, ce
que nous ne saurions assez répéter, c'est que les
lumières, quelque étendues qu'elles soient, seront
essentiellement à craindre, si elles ne sont pas
accompagnées d'une grande probité politique et de
beaucoup de fermeté de caractère. Un homme probe
et courageux, s'il possède un jugement sain, peut,

avec ces seules qualités, être un excellent député;
un homme auquel ces qualités manquent, eût-il
d'ailleurs toutes les connaissances imaginables, est
un homme qui ne peut faire que du mal, et qu'il
faut se hâter d'exclure. Les électeurs ne disposent
ni de places, ni de cordons, ni de titres, ni de
pensions : tout ce qu'ils peuvent donner, c'est leur
estime et leur confiance. Un candidat qui aspirerait
à autre chose qu'à l'estime des bons citoyens et à la
satisfaction d'avoir rempli ses devoirs, n'a rien à
leur demander; et, de leur côté, ils n'ont rien à
attendre de lui.

Les reviremens de pouvoir qui se sont faits ces
dernières années ont produit beaucoup de mécontens; un grand nombre d'hommes ont perdu leurs
places, d'autres leur crédit ou leur influence, d'autres leurs espérances. Les mécontentemens qui en
sont résultés, quoique fondés sur des intérêts individuels, ont pris souvent une couleur patriotique.
Pour intéresser le public, il faut avoir l'air de s'ou-
blier soi-même, et de ne songer qu'aux souffrances
générales : c'est ce que quelques-uns de ces hommes
ont parfaitement compris. Le pouvoir arbitraire,
quand il était exercé par eux ou à leur profit, leur
paraissait une chose excellente; c'était la perfection
de l'ordre social. Depuis qu'ils sont tombés dans la
classe commune, la violation d'un principe leur
paraît un scandale; ils y voient le présage d'une
révolution prochaine. Leur indignation se soulève

à l'idée qu'une partie de la France est occupée par des Anglais ou par des Prussiens; un général anglais au milieu de Paris est une humiliation à laquelle ils ne peuvent pas se résigner. Mais si vous voulez mettre à l'épreuve leur attachement aux principes constitutionnels, et leur amour pour l'indépendance nationale, parlez-leur des douceurs du régime impérial et d'une invasion faite en France par des armées autrichiennes. A ces flatteuses paroles, vous verrez leurs fronts s'épanouir et leurs cœurs tressaillir de joie et d'espérance : ils recevront vos nouvelles avec la même avidité que montraient jadis nos nobles hobereaux, quand ils recevaient des proclamations anglaises ou des manifestes du duc de Brunswick.

Prenez donc garde de vous laisser tromper par les apparences. L'homme qui ne se plaint que parce que son intérêt individuel a été blessé, est un homme toujours prêt à se rallier au pouvoir qui aura le moyen de le satisfaire. Celui qui n'aime la liberté que parce qu'il ne trouve plus à vivre dans l'arbitraire, ne saurait appartenir long-temps à la nouvelle cause qu'il a embrassée. Le pouvoir le dédaigne, parce que le pays abonde d'hommes qui lui ressemblent; mais, si votre choix lui donnait quelque influence dans les affaires, il se verrait bientôt fêté par ceux qui le repoussent; et, si les faveurs et les graces pleuvaient sur lui ou sur les siens, il aurait bien de la peine à se mettre à l'abri de cette douce rosée. Nous ne prétendons pas dire, au reste, que tous les hommes qui ont servi sous le gouvernement impérial soient exclusivement dévoués à leurs intérêts personnels : il est, à cet égard, d'honorables exceptions, et il y aurait de l'injustice à trop généraliser. Tout ce que nous voulons dire, c'est que, si des Français dévoués aux intérêts de leur pays sont mécontens, tous les mécontens ne sont pas des hommes dévoués à leur pays; et qu'ainsi le mécontentement ou les plaintes ne doivent pas être des titres auprès de vous.

Il est aussi une illusion fort commune dont vous devez vous préserver; c'est de prendre la faiblesse pour la modération, et la servilité pour l'amour de l'ordre. Si, depuis près de trente ans, la France a vu fondre sur elle des calamités de tout genre, c'est aux hommes faibles ou serviles qu'elle doit les attribuer. Dans le sein de la convention, ils ont donné la majorité aux hommes qui ont décimé tous les bons citoyens; ils ont secondé les fausses mesures qui ont entraîné la chute du directoire; ils ont renversé toutes les sages institutions que l'assemblée constituante avait créées; ils ont prêté leur appui à Bonaparte pour établir le régime impérial; ils ont mis la nation française en coupe réglée, et attiré au sein de la France tous les soldats de l'Europe; en 1814, ils ont secondé un ministère qui s'imaginait qu'on gouverne les peuples par des jongleries, et qui a si bien préparé la chute du gouvernement, qu'il est tombé au premier choc et sans qu'une seule goutte de sang ait été versée ; ils ont ainsi amené tous les désastres qui ont été la suite de cet événement ; ils ont sanctionné la suspension de la liberté de la presse, les lois destructives de la sûreté individuelle, l'établissement des cours prévôtales, la loi du 9 Novembre, enfin toutes les mesures d'exception qu'il a plu au ministère de proposer.

Il est des électeurs qui s'imaginent qu'en choisissant des hommes qu'on appelle des modérés, mais qui ne sont que de froids égoïstes, ils assurent leur repos, leur tranquillité. Les ministres, disent-ils, veulent calmer toutes les agitations : or, si nous leur donnons des hommes qui leur soient dévoués, ils nous conduiront bien plus facilement au but qu'ils veulent atteindre. Depuis que nous avons un gouvernement représentatif en France, nous faisons ce raisonnement : tous les ministres veulent finir la révolution et rétablir l'ordre ; tous demandent des hommes complaisans pour arriver à ce résultat ; on se prête à leurs désirs, et cependant la révolution ne finit pas ; si l'on en croit un certain parti, elle est ou peut devenir plus terrible que jamais. Il semblerait résulter de là qu'il y a quelque chose de vicieux dans le raisonnement sur lequel on s'appuie.

On demande des hommes *modérés* : mais, qu'est-ce donc qu'un modéré ? Un homme serait-il modéré, si, sans consulter les moyens des contribuables, il accordait des impôts énormes ? Serait-il modéré,

s'il accordait aux agens du gouvernement des pouvoirs sans limites et sans contrôle? Serait-il modéré,
s'il laissait multiplier les places à l'infini? Le serait-il,
s'il trouvait que les employés n'ont jamais d'assez
gros salaires; s'il laissait monter les abus à leur
comble; s'il n'élevait la voix que pour imposer silence
à ceux qui voudraient en arrêter le progrès; s'il était
insatiable de titres, de cordons, de pensions ou de
places?

Le titre de *modéré* conviendrait-il, au contraire,
à celui qui veut mettre dans les impôts la plus
grande modération possible; qui veut que les agens
du gouvernement n'aient que le pouvoir nécessaire
au maintien de l'ordre public, et qu'ils soient même
tenus de rendre compte du pouvoir que la loi leur
confie; qui demande que toutes les places inutiles
soient supprimées, et que les salaires soient réduits
autant que cela se peut; qui ne veut jamais laisser
multiplier les abus, et qui est toujours disposé à
les détruire jusque dans la racine; enfin, qui ne
demande pour lui ni pour les siens, ni titres, ni
cordons, ni pensions, ni places? Si c'est à un tel
homme que convient le titre de *modéré*, nous serons les premiers à avouer que les modérés seuls
peuvent établir l'ordre et prévenir les révolutions;
et que ce sont au contraire les immodérés, c'est-à-
dire ceux qui sont insatiables d'honneurs, de pensions, de places et de pouvoir, qui enfantent le
trouble et le désordre. Quelques personnes s'ima-

ginent que, pour avoir des hommes modérés, il faut prendre des hommes sans caractères, des hommes nuls. Ce système est tout aussi soutenable qu'un autre : il s'agit seulement de savoir à quoi la nullité peut être bonne.

Mais, peut-on nous dire, n'est-ce pas le ministère qui nous préserve des excès des *ultra?* N'est-ce pas lui qui les a dispersés par l'ordonnance du 5 Septembre, et qui s'oppose encore aujourd'hui à ce qu'ils ressaisissent le pouvoir? Si, pour le seconder dans ses honorables desseins, il nous demande des députés dévoués, pourrons-nous ne pas les lui accorder sans nous exposer à retomber sous la domination des hommes de 1815? Ce serait, au contraire, en appelant à la chambre des députés, des complaisans du pouvoir, des hommes sans énergie, que vous vous exposeriez à rétrograder vers 1815. Les ministres ne sont pas inamovibles : ils peuvent être renvoyés aujourd'hui, comme ils peuvent l'être demain; et si, par des événemens que vous ne pouvez prévoir, l'autorité dont ils sont revêtus passe en d'autres mains, les instrumens que vous leur aurez donnés pour battre vos ennemis pourront sur-le-champ être tournés contre vous. Lorsqu'en 1815, le sang des protestans ruisselait à Nîmes, ce n'est pas un complaisant des ministres qui a osé élever la voix.

En choisissant pour vos députés des hommes faibles, des complaisans, vous renoncez à toute sage réforme; vous vous privez de tout appui, de toute protection, dans le cas où vous seriez opprimés par quelqu'un des ministres ou par leurs agens; vous renoncez à tous les avantages que vous pouvez retirer du droit de pétition; vous annulez, en un mot, autant qu'il est en vous, le gouvernement représentatif, et vous ouvrez au pouvoir arbitraire le champ le plus vaste qu'il ait à parcourir, puisque vous détruisez toute résistance légale, tout refuge contre les concussionnaires ou contre les persécuteurs.

Les hommes complaisans qui savent s'insinuer doucement dans les antichambres, qui trouvent toujours le moyen de pénétrer dans les bureaux les plus inabordables, et que Leurs Excellences n'apperçoivent jamais sans les saluer d'un gracieux sourire, paraissent des hommes d'un grand prix à une certaine classe d'électeurs. Ce sont en effet des hommes excellens pour donner une bonne apostille, pour solliciter une petite faveur, pour faire obtenir une judicature de paix à un ami, ou un bureau de tabac à un cousin. Ils peuvent aussi aller demander à un commis des explications sur une spoliation ou sur une arrestation arbitraire; en solliciter sa réparation, si cela ne contrarie pas la politique de Son Excellence, ou exhorter le plaignant à la patience, si la mesure a été commandée par *l'intérêt de l'état*.

Des hommes qui possèdent de semblables qualités sont précieux sans doute; mais c'est parce qu'ils

accordent des impôts immodérés, ou qu'ils attri-
buent aux agens du pouvoir des salaires sans mesure,
qu'ils réduisent les citoyens à la nécessité de solliciter des places; c'est parce qu'ils souffrent que le
mode d'élection des fonctionnaires soit mal réglé,
que les intrigues sont nécessaires; c'est parce qu'ils
accordent leur sanction à de mauvaises lois, qu'on
a besoin de faire réparer des injustices. Ces hommes
engendrent les abus par milliers, et ils ne peuvent
les attaquer qu'un à un; encore leurs attaques sont-
elles si molles, qu'il est bien rare qu'elles ne faiblis-
sent au moindre obstacle.

Ne conviendrait - il pas de choisir un certain
nombre de fonctionnaires publics? Permettez-nous
de répondre à cette question par une autre. Supposez que, les idées de gouvernement représentatif
arrivant jusqu'en Turquie, il prenne un jour envie
à un sultan paternel d'accorder à ses sujets une
représentation nationale; supposez que les Turcs se
réunissent en collèges électoraux, et que, pour
porter leurs doléances aux pieds de Sa Hautesse,
pour demander des réformes dans l'administration,
enfin pour dénoncer les excès qui les accablent, ils
choisissent les pachas et les commis des pachas, les
visirs et les sous-visirs, l'aga des janissaires et ses
officiers, enfin tous les hommes qui exploitent le
pays, et qui s'engraissent d'abus; pensez-vous que
le sultan n'entendra que la vérité, que les impôts
seront diminués, les abus dénoncés, les concus-

sionnaïres poursuivis, la sûreté des personnes garantie, les propriétés inviolables, la liberté de la presse respectée? Pensez-vous que cette réunion, ou plutôt cette coalition d'hommes du pouvoir, au lieu d'être un bien pour les habitans du pays, ne sera pas pour eux le plus terrible des fléaux?

Nous pouvons demander encore sérieusement s'il convient à un peuple de faire établir les impôts par les hommes qui en profitent, de confier la censure desa gens du pouvoir aux hommes qui exercent le pouvoir, la confection des lois aux hommes qui doivent les exécuter, la charge de poursuivre les ministres, aux ministres eux-mêmes ou à leurs agens, le soin de faire des réformes aux employés qui doivent être réformés, et l'obligation d'établir la responsabilité des fonctionnaires aux agens sur qui la responsabilité doit peser. Ces questions, en effet, peuvent paraître épineuses aux publicistes que le pouvoir soudoie; mais le temps n'est peut-être pas loin où les hommes les plus simples ne pourront les entendre proposer sans sourire de pitié.